Mitología Egipcia

Una Guía Fascinante para Entender a los Dioses, Diosas, Monstruos y Mortales

Índice

INTRODUCCIÓN 1
PRIMERA PARTE – LOS DIOSES LLEGAN A EGIPTO 2
CAPÍTULO 1 – OSIRIS, ISIS, SET Y HORUS 4
CAPÍTULO 2 – EL SOL Y LA CREACIÓN 11
CAPÍTULO 3 – DIOSES Y HUMANOS 17
SEGUNDA PARTE – MONSTRUOS DE EGIPTO 19
CAPÍTULO 4 – APEP, LA GRAN SERPIENTE DEL CAOS 20
CAPÍTULO 5 – SETT: DIOS DEL DESIERTO, LAS TORMENTAS, LA GUERRA, EL MAL Y EL CAOS 25
TERCERA PARTE – MORTALES EGIPCIOS QUE HICIERON HISTORIA 30
CAPÍTULO 6 – IMHOTEP, EL POLÍMATA DEL SIGLO XXVII AEC 31
CAPÍTULO 7 – AKENATÓN, EL REY QUE REMOVIÓ LOS CIMIENTOS DE LA TRADICIÓN 36
CAPÍTULO 8 – RAMSÉS EL GRANDE 44
EL PRIMER TRATADO DE PAZ CONOCIDO DEL MUNDO 46
CAPÍTULO 9 – CLEOPATRA, EL FINAL DE UNA ÉPOCA 49
IMAGINANDO LOS ÚLTIMOS DÍAS DE KEMET 51
CONCLUSIÓN 55

Introducción

Por lo que sabemos de historia, Egipto, junto con Sumeria, construyeron los cimientos de la civilización. El Creciente Fértil, que se extendía desde el Valle del Nilo hasta los ríos gemelos de Mesopotamia, nos ofrecieron la primera visión del hombre organizado. Pero... ¿cómo se organizaba? En primer lugar, la escritura surgió en ambos lugares: jeroglíficos en Egipto y escritura cuneiforme en Sumeria. Todavía existe cierto de bate sobre cuál fue la primera.

En este libro, comenzaremos observando a los Dioses y Diosas de Kemet, el antiguo Egipto. Más adelante, dedicaremos nuestra atención a los monstruos que probablemente les dieron pesadillas y les hicieron sufrir en sus esfuerzos por poner en orden el mundo que les rodeaba. Finalmente, daremos un vistazo a los mortales que dieron forma a su civilización e hicieron de Egipto la base de nuestra propia historia. Aunque el Egipto de hoy en día solo sea un país del tercer mundo que se enfrenta al terrorismo y a la pobreza, su legado continúa siendo vital para entender quiénes somos como especie.

Primera Parte — Los Dioses Llegan a Egipto

El Libro del Conocimiento sobre las Evoluciones de Ra y sobre la Derrota de Apep.

[Estas son] las palabras que el Dios Osiris pronunció una vez hubo nacido:

"Soy el que vino a la vida con la forma del Dios Jepri, y soy el creador de aquello que surgió; es decir, soy el creador de todo lo que vino a la vida. Las cosas que he creado y que surgieron de mi boca después de que yo mismo hubiera nacido fueron muchas y muy numerosas. El cielo no había surgido aún; la tierra no existía; ni los hijos de la tierra, ni las cosas que reptan se habían creado por aquel entonces. Yo mismo las saqué de Nu, de un estado de inactividad y desamparo. No encontré ningún lugar sobre el que poderlas colocar. Realicé un encantamiento desde mi propio corazón (o voluntad), construí los cimientos [de las cosas] mediante Maat, y creé todo aquello que tenía forma. [Entonces] era uno por mí mismo, pues no había sacado de mi ser al Dios Shu, y no había escupido y sacado de mi cuerpo a la Diosa Tefnut; y no existía otro ser que pudiera trabajar conmigo".

Leyendas de los Dioses (1912)

E. A. Wallis Budge

Egiptólogo y filólogo del Museo Británico

Capítulo 1 — Osiris, Isis, Set y Horus

Probablemente, el mito más importante del Antiguo Egipto es el de Osiris. En él, su esposa Isis y su hijo Horus luchan contra su hermano Sett.

Las formas de escribir sus nombres con las que estamos más familiarizados son las versiones modernas que proceden del griego. Los nombres egipcios originales eran más parecidos a los siguientes:

- Osiris–Auser
- Isis–Asett
- Seth–Sett
- Horus–Heru

La doble *t* del final de Asett y Sett no es la forma tradicional, pero ayuda a distinguir el nombre Sett de la palabra inglesa *set*.

En todos los mitos egipcios se narra muy poco sobre Osiris (Auser) como tal. La mayoría de lo que se cuenta surge a partir de la traición de Seth (Sett).

Imaginando el Mito de Osiris

Tal y como habían hecho durante todas las edades del hombre, los sacerdotes de la gran ciudad de Iunu habían cruzado el Ne'weya al alba, después del amanecer y antes de la salida del sol. Sin embargo, su vigilia matutina en la meseta del templo fue más sombría que en otras ocasiones. Todo Kemet estaba de luto por la muerte de su gobernante, Auser.

La muerte de un Dios no debía tomarse a la ligera. Este tipo de asuntos tendían a desequilibrar todo el universo. Sett se había deslizado al lado oscuro de la realidad. Ya no se sentaba en la proa de la barca solar, luchando contra Apep, la gran serpiente del caos. En lugar de ello, Sett se había convertido en el caos. Había traicionado a su hermano, Auser, y le había asesinado. Si los sacerdotes debían dar crédito a los rumores, Sett había despedazado el cuerpo de Auser y lanzado sus trozos a lo largo y ancho del gran Ne'weya y sus aguas portadoras de vida.

Mientras el horizonte oriental se iluminaba, los sacerdotes llevaban a cabo su ritual cotidiano, quemando un puñado de cereal como sacrificio al gran Dios Ra, el portador de la luz. Su regreso a los cielos sobre el reino de los mortales le hizo observar desde las alturas un mundo profundamente entristecido por lo que le había ocurrido a los hijos de Geb (la tierra) y Nut (el cielo). Su hijo Auser había sido asesinado por su hermano, Sett. Y su hija Asett se había convertido en viuda a causa del mismo suceso.

Cuando los sacerdotes regresaron a Iunu, oyeron las noticias de que Sett se había hecho con el control de todo Kemet. Asett, la adorable esposa de Auser, se había marchado a las colinas del oeste. O al menos, eso es lo que se les estaba diciendo a la gente.

Ahmose de Zau entró en el templo y se dirigió a la enorme sala de reuniones. Fuera de ella vio un rostro conocido. Al principio, no supo ponerle nombre a aquella cara. Había algo en todo ello que no tenía sentido. ¿Qué estaba haciendo una mendiga en el templo a aquellas

horas? ¿Y cómo es que reconocía a la mendiga? En ese momento, la verdad le golpeó como un rayo. A pesar de las ropas ajadas que llevaba, no se trataba de una mendiga. ¡Se trataba de la Diosa Asett en persona! La Diosa llevaba puesto un disfraz.

— ¡Eminencia! —dijo Ahmose en un tono que solo ella podía oír. —¿Qué estáis haciendo aquí? ¡Es peligroso!

Ella se giró y le pidió que se le acercara.

—Necesito tu ayuda —le dijo. —Sett nos ha robado a todos, pero sobre todo, a mí. Auser y yo queríamos tener un hijo. Si actuamos rápido, no será demasiado tarde. Necesito que los sacerdotes recojan todos los trozos de Auser. Los tienen que juntar para que pueda realizar ritos sagrados y para consumar la unión que nos ha sido negada. Nuestro hijo se convertirá en el soberano de pleno derecho de Kemet.

Ahmose parecía estar confundido, pero asintió lentamente.

— ¿Por qué dudas? —le preguntó.

—No dudo de vuestros poderes, Eminencia. Es solo que, ciertamente, Sett está buscándoos, y temo por vuestra seguridad.

— ¿Qué me sugieres?

—Soy de Zau, que se halla aquí, en el Delta. Conozco varios lugares donde podríamos juntar los trozos de vuestro esposo y encontrar la paz y la seguridad necesarias para vuestra ceremonia.

—Muy bien. Y gracias...

—Ahmose, Su Eminencia. Mi nombre es Ahmose. Ordenaré que se prepare todo ahora mismo.

Se dio la vuelta para marcharse.

—Una cosa más —dijo Asctt. —También nos hace falta tener los accesorios reales de Auser. ¿Sabes de alguien que pueda sustraérselos a Sett y a sus soldados?

Ahmose lo pensó por un momento y asintió.

—Sí, Su Eminencia. Sé de algunos oficiales que aún son leales a Vos y a Auser.

—Gracias, Ahmose.

—Mi Señora, —vaciló el sacerdote — ¿acaso Apep ha corrompido a Sett?

La Diosa negó con la cabeza.

— Aún no lo sé. Es probable. Ha desempeñado esa labor de ahuyentar los ataques del caos durante mucho tiempo. Otros se han hecho cargo de esas funciones. Solo podemos esperar que hagan un trabajo igual de bueno sin corromperse.

Días después, todos los trozos habían regresado al Bajo Kemet y Ahmose había encontrado un almacén en Zau que era perfecto para llevar a cabo la ceremonia sagrada.

Una semana después, el nuevo Dios, Heru, había nacido, con todos los atributos necesarios para gobernar. El joven Dios tenía todas las habilidades de su padre y la sabiduría de su madre. Asimismo, Heru tenía el don de la visión, como su tocayo, y era capaz de verlo todo claramente desde lejos. Y como el halcón por el cual se le había dado nombre, Heru también tenía la rapidez necesaria para atacar con dureza a sus enemigos.

Durante el primer mes tras su nacimiento, Heru luchó muchas batallas contra su tío. El joven Dios tuvo tanto éxito en el combate que Sett tenía miedo de perder la guerra.

Deseando tomar ventaja, Sett retó al joven Heru a una batalla bajo el agua.

—Tenemos que hacer como los hipopótamos y enfrentarnos el uno al otro bajo las olas. Si uno de nosotros sale a la superficie antes de que termine un plazo de tres meses, abandonamos la lucha. ¿Estamos de acuerdo?

Esto le pareció razonable a Heru. Muy pronto, se encontraron bajo el agua, peleando el uno contra el otro.

Asett temió por la vida de su hijo y se comprometió a ayudarle a ganar. Desde el cielo, lanzó unos enormes arpones al hipopótamo que se hallaba bajo ella, pero le dio a la bestia equivocada.

Heru gritó:

— ¡Madre, me has golpeado! Por favor, ten más cuidado con tu puntería.

Asett estudió la escena con más detenimiento, y pronto se dio cuenta de que su hijo estaba al acecho de Sett. Allí se encontraba su hermano, varias docenas de metros por delante de él.

Ella apuntó con cuidado varias veces, pero el arpón se resbaló del cuerpo mojado de Sett. Sin embargo, al final, un arpón se quedó enganchado, y Sett salió a la superficie.

—Por favor, hermana querida, —dijo Sett —ten piedad de tu pobre hermano.

Asett tuvo piedad de su hermano y le permitió curarse las heridas.

Más tarde, Heru confrontó a su madre.

— ¿Cómo pudiste tenerle piedad después de que intentara matarme tantas veces?

De repente, Heru le cortó la cabeza a su madre y la escondió lejos de su alcance en las montañas del oeste.

Cuando Ra, el Dios solar, oyó lo que Heru le había hecho a su madre, ató las manos del joven Dios y le devolvió su cabeza a Asett. Acto seguido, le dio una corona protectora para que nadie pudiera hacerle lo que Heru le había hecho.

Sin embargo, mientras Heru estaba atado, Sett se precipitó sobre él para aprovecharse de su enemigo. Le sacó los ojos a Heru con brusquedad y lo volvió ciego.

Asett perdonó a su hijo por lo que había hecho y lloró por lo que le había sucedido a sus ojos. Se lo consultó a Tehuty, el Dios de la sabiduría y el conocimiento. Allí se enteró de que se podía construir unos ojos nuevos para Heru empleando las artes antiguas. Poco

después, Heru podía volver a ver. Una vez más, se lanzó a la ofensiva, tomando cada oportunidad de derrotar a su tío en la batalla.

De nuevo, parecía que Sett iba a perderlo todo; en parte porque su hermana, Asett, estaba interfiriendo en su guerra contra Heru.

Sett se dirigió al gran consejo de los Dioses, la Enéada. Allí le rogó al consejo que celebrara una reunión para debatir con Heru sobre sus diferencias, pero sin la intervención de Asett.

Aceptaron que se celebrara esta reunión. Así, Sett le comunicó a Heru que quería encontrarse con él en la Isla del Punto Medio y dejar que la Enéada juzgara quién tenía razón. Y Sett ordenó al barquero que no dejara a nadie que tuviera la apariencia de Asett viajar a aquella isla.

Al día siguiente, el consejo se reunió. Allí, Sett y Heru presentaron sus casos mientras el consejo escuchaba. Mientras tanto, Asett se disfrazó de mujer anciana y sobornó al barquero con un anillo de oro para así poder llegar a la Isla del Punto Medio.

Cuando llegó, se convirtió en una joven doncella para poder distraer a Sett y hacerlo fracasar. Mientras servía más vino a los invitados, llamó la atención de Sett, y él le pidió que se acercara.

—Mi señor Sett, —dijo ella —estoy muy agradecida por todo lo que habéis hecho. Vuestra valentía hace que mis penas sean más llevaderas.

— ¿Penas? —contestó Sett con preocupación. — ¿Qué podría causar a una mujer tan hermosa algo que no fuera felicidad?

—Un intruso ha invadido mi casa, matado a mi marido y robado el derecho de nacimiento de mi hijo.

— ¡Maldito sea! —exclamó Sett. —Ese hombre debe ser ejecutado públicamente por sus crímenes. Haremos eso inmediatamente.

— ¡No, por favor! —respondió ella —No lo matéis. No desearía tener la sangre de nadie en mis manos. Desterrarlo del país será suficiente para calmar mi corazón.

—En ese caso, —dijo Sett en voz alta —que sea desterrado.

—Gracias, mi señor Sett. ¡Mi hogar es Kemet, mi esposo era Auser, mi hijo es Heru y el intruso que debe ser desterrado eres tú!

De pronto, Sett se dio cuenta de que esta joven sirvienta no era otra que su inoportuna hermana. Sus propias palabras le habían condenado ante Heru y los Dioses de la Enéada. Estaba encolerizado.

Asett se marchó volando y gritando palabras de burla para su hermano.

—Te has condenado a ti mismo, querido hermano. ¿Qué tienes que decir a esto?

—El barquero debe recibir un castigo —dijo Sett. Así, al día siguiente, Sett mandó cortar los dedos de ambos pies del barquero por haber desobedecido las órdenes de Sett de no dejar a Asett llegar a la isla.

Al poco, Heru ganó la guerra y desterró a Sett de Kemet para toda la eternidad.

Capítulo 2 — El Sol y la Creación

Al igual que los mitos de otras culturas, los relatos egipcios de la creación hablan de una época anterior a la creación donde todo lo ocupaban el vacío y el caos; una extensión llamada *Nu*.

Para los egipcios, el comienzo de todas las cosas era el *Zep Tepi* ("la primera vez"). El vacío era descrito como una masa de agua primordial de la cual surgió un montículo con forma de pirámide, un *benben*. Esta palabra es similar al nombre que se le dio al ave sagrada del renacimiento, comparable al fénix griego, el *bennu*.

En la antigua ciudad de Khemenu, conocida por los gobernantes griegos de Egipto como Hermópolis, su relato de la creación comienza con la formación de ocho Dioses de la Ogdóada.

Nu era varón, y su compañera femenina era Naunet. Juntos, representaban el mar primordial y sin vida.

Huh era varón, y su compañera femenina era Hauhet. Juntos, representaban la infinita extensión de aquel antiguo mar.

Kuk era varón, y su compañera femenina era Kauket. Juntos, representaban la sombría turbiedad que era parte natural de aquel fluido primigenio.

Amón era varón, y su compañera femenina era Amonet. Juntos, representaban la opaca oscuridad de aquellas aguas primeras. Esta cualidad hacía imposible descubrir nada más sobre la naturaleza de aquellas aguas.

Dado que todos ellos estaban íntimamente relacionados con el tema del agua, no debería sorprendernos que los representaran las ranas (en el caso de los varones) y las culebras de agua (en el de las mujeres).

Cuando la Ogdóada se reunió, se creó un desequilibrio que forzó el surgimiento del primer *benben*, y de él, la aparición del sol para verter su luz sobre toda la existencia material.

En la antigua ciudad de Iunu, conocida por los gobernantes griegos de Egipto como Heliópolis), la historia de la creación toma una forma un tanto distinta.

Para la gente de Iunu, Atum se creó a sí mismo a partir del vacío acuoso. En algunas versiones, se ve a Atum sentado sobre el *benben* primigenio. En otras, él es el propio *benben*. Atum representaba al sol poniente, donde el día llega a su fin.

Es interesante destacar que los hebreos también consideraban la puesta de sol como el final del día, y el momento posterior a la desaparición del sol como el comienzo de un nuevo día.

Debido a la asociación de Atum con el sol, a veces se le llamaba Ra o Atum-Ra. Como en muchos de los mitos de otras culturas, se describe muchas veces a los Dioses como si tuvieran forma humana. Por ejemplo, Atum da vida a sus primeros dos hijos masturbándose o estornudándolos. Estos son el Dios del aire, Shu, y la Diosa de la humedad, Tefnut.

La Primera Tragedia de la Creación

Mientras Atum estaba trabajando en uno de sus muchos proyectos de creación, Shu y Tefnut se interesaron por todo lo que les rodeaba.

— ¿Qué es esta sustancia acuosa que rodea la isla de la creación? —preguntó Shu.

—Padre no nos ha contado mucho acerca de ella. Solamente, que ya estaba aquí antes de que él llegara.

— ¿Y no te provoca curiosidad?

—Bueno, —contestó Tefnut — puede que un poco. ¿Qué se te ha ocurrido?

—Padre está ocupado. No debemos molestarle. —Shu asintió para sentirse más seguro de su nueva decisión. —Quizá deberíamos explorarla. Tal vez, si encontramos en ella algo de valor, podemos llevársela a Padre para que lo use.

Tefnut sonrió y asintió a su vez. De repente, saltó a las aguas primordiales y se alejó nadando. Shu nadó tras ella a poca distancia.

Más tarde, cuando Atum estaba listo para tomarse un descanso, llamó a sus hijos, pero no obtuvo respuesta. Pronto se puso frenético. La creación aún era nueva, y Atum aún estaba aprendiendo a manejar la naturaleza de la realidad y a darle forma. ¿Había algo que se le hubiera pasado por alto? ¿Era posible que entre las herramientas con las que estaba trabajando hubiera una que causara destrucción? En ese momento, reparó en que había un remolino residual en las aguas primordiales. Al instante, supo que sus hijos se habían zambullido en aquellas aguas y que se habían alejado nadando.

— ¡Oh, mis amados hijos!

Tuvo miedo de que se perdieran en la turbia oscuridad de aquel vacío infinito. Su luz no podía abarcar el infinito. No podría verlos si se habían alejado demasiado.

— ¿Qué puedo hacer?

De pronto, su pensamiento y acción se hicieron uno. Se sacó su ojo derecho y lo lanzó al vacío.

— ¡Encuentra a mis hijos! —tal fue su orden y su divina intención.

No mucho tiempo después, una nueva Diosa, el Ojo de Ra, volvió remolcando a sus hijos.

Atum quedó tan aliviado que comenzó a llorar, y cada lágrima se convertía en una nueva creación, transformándose cada una de ellas en un ser humano individual.

El Consejo Supremo de los Dioses

Después de que Atum hubiera trabajado durante un rato creando el mundo y muchos de los nuevos Dioses que necesitaba para controlar toda la realidad física, creó un consejo supremo de Dioses llamado la Enéada. Sus nueve miembros eran Atum-Ra y sus dos hijos, Shu y Tefnut, y los dos hijos de estos, Geb y Nut, y los cuatro hijos de estos, Auser, Asett, Sett y Neftis.

A diferencia de la Ogdóada, la cual se encargaba principalmente del vacío del caos, la Enéada se ocupaba de la existencia física.

Más Historias sobre la Creación

En la antigua ciudad de Inbu-Hedj, conocida por los gobernantes griegos de Egipto como Menfis), el relato de la creación gira en torno al Dios protector de todos los artesanos, Ptah. En él, el mundo físico estaba creado con mimo y precisión intelectual; al contrario de lo que se narraba en el mito de la creación del accidente de Khemenu o en la historia de la creación del estornudo de Iunu.

Ptah poseía una habilidad innata para ver el resultado deseado en todos los detalles y para encontrar los recursos necesarios para su fabricación.

Los mitos egipcios situaban las facultades mentales en el corazón en vez de en el cerebro. Se contaba que Ptah hablaba desde el corazón, y que las cosas que visualizaba se manifestaban en la realidad física. Cuando pronunciaba el nombre de algo, aparecía de repente. Su palabra hablada era el lugar de donde surgían todos los demás Dioses, objetos físicos y seres mortales.

Mientras creaba, Ptah estaba unido a Tatjenen, el Dios del primer *benben*.

En algunos aspectos, Ptah es similar al Dios abrahámico del judaísmo y de la cristiandad, según los cuales la creación era más bien una actividad gobernada por una intención inteligente. En otras facetas, la forma de crear de Ptah, desde el corazón, imita la naturaleza de la oración. El filósofo Rod Martin Jr. destaca:

"La oración, cuando se realiza correctamente, proviene de un sentimiento o desde "el corazón". Nunca procede del pensamiento o de las palabras de los labios de alguien. Un corazón temeroso que pide salvación recibirá más cosas que temer. Un corazón seguro de sí mismo pero humilde que pide cualquier cosa, la recibirá al instante. Y la mayoría de la gente no están muy seguros de recibirlo al momento, por lo que el tiempo (el retraso) se convierte en parte de la entrega".

En la antigua ciudad de Waset, conocida por los gobernantes griegos de Egipto como Tebas, y como Luxor en tiempos modernos, también tenemos otra versión más de la creación. Para ellos, Amón era una fuerza invisible tras cada aspecto de la creación, y también, un elemento de la Ogdóada. La forma de Amón lo abarcaba todo, desde lo más profundo del inframundo hasta lo más alto de los cielos.

Cuando Amón emitió su primer grito, rompió en pedazos la unidad de la nada infinita y trajo a la vida tanto a la Ogdóada y sus ocho dioses como a la Enéada y sus nueve dioses.

Para la gente de Waset, Amón era un misterio envuelto en la oscuridad hasta para todos los demás dioses. Y los atributos y habilidades de todos los demás dioses eran simplemente un aspecto u otro de Amón. Los habitantes de Waset tenían a su ciudad como el emplazamiento del *benben* original.

El Sol: un Aspecto Central de la Creación

La figura del Sol aparece en el centro de todos estos relatos. En todo Kemet (Egipto) se adoraba al menos un aspecto del Sol. De

hecho, el nombre de Heliópolis significa, literalmente, "la ciudad del sol".

Cuando Atum se sacó su ojo para encontrar a sus hijos, Shu y Tefnut, la nueva Diosa que surgió no solo tenía la capacidad de percibir, sino también la habilidad de arrojar la luz necesaria a su alrededor para poder ver con mayor claridad. Varias Diosas han representado al Ojo de Ra en todos los mitos egipcios. La lista es larga, y en ella figuran Bastet, Hathor, Mut, Sekhmet y Wadjet. En ocasiones, su "ojo" se representaba simbólicamente como el disco solar. En la parte trasera del billete de dólar de EE. UU., también puede verse el ojo en el *benben* que brilla por encima de una pirámide truncada.

Había varios Dioses que estaban asociados más directamente con el sol. Por supuesto, está Ra, el cual representa al sol en su cénit o cerca de él, cuando su luz cegadora realiza la mayor parte de su trabajo de nutrir las plantas del mundo físico.

Naturalmente, el Sol presenta diferentes aspectos durante su ciclo diario. Jepri ocupaba la primera franja del día, mientras el sol estaba saliendo. Debido a su condición de "recién nacido", también representaba el renacimiento.

El Dios menor Atón representaba el disco del sol visible, pero no su luz ni su calor portador de vida.

Tal y como hemos visto, Atum representaba el sol poniente, cuyo tema se vincula con su estatus como fuente de la creación. La puesta de sol marca el fin de cada día, y Atum pudo completar cada creación dándole forma, sustancia y persistencia.

Y Ptah se asoció durante mucho tiempo con el sol una vez este se había puesto. Durante cada noche, el Sol se reponía a sí mismo y se preparaba para un nuevo día. Además de sus destrezas de artesano, Ptah era también un Dios de las artes y de la creación biológica (la fertilidad).

Capítulo 3 — Dioses y Humanos

Tal y como vimos anteriormente, los humanos no se habían quedado satisfechos con el *statu quo*. Para algunos advenedizos, la armonía era aburrida. Este pequeño grupo quería algo más. No se contentaban con seguir a Maat, la Diosa del orden.

Ra no se dejaba engañar. Se dio cuenta de que los humanos se mostrarían inquietos algún día, y de que intentarían llevar a cabo algo igual de estúpido. Hasta aquella época, la vida había transcurrido en un estado de perpetua invariabilidad llamado *djet*. Mediante la creación de una existencia dicotómica llamada *neheh*, sus hijos mortales tendrían algo de variedad en sus vidas. Tendrían el día y la noche, los ciclos mensuales y las estaciones del año.

Ra también consideró que estar gobernando en la Tierra les convertía a él y a su corte en blancos tentadores. Debido a esto, Ra efectuó otro cambio drástico.

— ¿Shu?

— ¿Sí, mi Padre y señor?

—Como Dios del aire, quiero que... —Ra se giró hacia donde estaba el resto de su corte estaba a la expectativa —...y tú, y tú, vosotros ocho. Quiero que levantéis a Nut, la Diosa del cielo. Sostenedla en alto para que pueda residir por encima de los humanos.

— ¿A causa de su egoísmo? —preguntó Tefnut.

—Sí, mi hija querida. A partir de ahora, el egoísmo humano no tendrá ninguna forma de alcanzarnos.

—Pero, ¿podremos gobernar el mundo de manera efectiva desde tal distancia? —preguntó Sett, uno de los hijos de Nut.

—Me alegra que lo hayas planteado —contestó Ra. —Dado que has estado ocupado ayudándome a trasladar el Sol por el cielo, le asignaré el trabajo del gobierno local a tu hermano, Auser. Su esposa Asett y él se harán cargo de Kemet y se ocuparán de sus asuntos sobre el terreno. Nunca estaremos lejos y podremos acercarnos para intervenir si es necesario.

Auser dio un paso al frente y preguntó:

—Señor Ra, ¿tienes algún consejo para mí antes de que comience mi tarea?

—Mantén el orden de las cosas. La sociedad de Kemet debe mantenerse inmóvil. Cada individuo debe hacer el trabajo que se le ha asignado y para el cual nació. Variar este orden es abrirle la puerta al caos. Sin este control, podría suceder toda clase de cosas sorprendentes. No podemos permitir cambios muy profundos. Ya les he dado algo de variedad con los días, los meses y los ciclos anuales.

Así, se alzó a Nut hasta el cielo y los Dioses gobernaron desde las alturas. Auser descendió a Kemet y se hizo cargo del país tal y como Ra lo había ordenado. Sin embargo, los humanos no eran los únicos que sintieron la atracción de la tentación.

Cuando Auser y Asett se alejaron de los demás Dioses, Sett se los quedó mirando y deseó tener ese trabajo en vez de permanecer de pie cada día sobre la proa de la barca solar, repeliendo cada ataque de Apep.

Segunda Parte — Monstruos de Egipto

"Apep, la serpiente-demonio de la neblina, la oscuridad y la noche, de la que se mencionarán más datos posteriormente; y sus enemigos, los "hijos de la rebelión", no eran producto de la imaginación de los egipcios de tiempos pasados, sino que en realidad su existencia data del período durante el cual Egipto estuvo infestado por bestias poderosas, enormes serpientes y reptiles perniciosos de todo tipo. La gran serpiente de la mitología egipcia, la cual era indudablemente un poderoso enemigo del Dios del Sol, tuvo un prototipo en un monstruo serpentino que vivió en la tierra y sobre el cual la tradición ha preservado una mención. La prueba de que esta no es una simple teoría queda probada por el hecho de que los restos de una serpiente que debió haber tenido un tamaño enorme se han descubierto recientemente en El Fayyum".

E. A. Wallis Budge

Conservador de las antigüedades egipcias y asirias del Museo Británico

Los Dioses de los Egipcios, vol. I, 1904

Capítulo 4 — Apep, la Gran Serpiente del Caos

A diferencia de muchas otras culturas, no existen demasiados monstruos en la mitología egipcia. Los nórdicos tenían su Kraken y su gran lobo, Fenrir. Los griegos tenían a Escila, Caribdis, Equidna y Tifón. En el folklore de Egipto, el único monstruo como tal era el caos, el cual tomaba la forma de una serpiente gigante. Su nombre era Apep, o Apofis en griego clásico. Trataremos más en profundidad sobre esta criatura en un momento.

Terroríficos Dioses de Egipto

Muchos de los Dioses de la mitología egipcia podían ser terroríficos en ocasiones, pero muchas veces lo eran para con los enemigos de Egipto (Kemet) o con los que habían causado grandes males.

Por ejemplo, Am-heh, con un nombre que podía significar tanto "devorador de la eternidad" como "devorador de millones", tenía cabeza de perro y cuerpo humano, y vivía sobre un lago de llamas del inframundo. Si alguien perdía su favor, solamente el Dios Atum-Ra podía hacerle recobrar la calma. Sin embargo, esta solo era una razón más para llevar una vida buena y virtuosa.

En los comienzos de la historia del universo, Ra descubrió que sus hijos mortales, los humanos, se habían hartado de la paz y el orden. Pretendían derrocar a Ra, el gobernante del universo, y conspiraban para ocupar su lugar. Esto preocupaba a Ra sobremanera, ya que su creación estaba trabajando mano a mano con el caos para cambiar radicalmente el orden de las cosas.

— ¿Qué debo hacer? —le preguntaba Ra a los demás Dioses. —Sett y yo hemos hecho todo lo que estaba en nuestras manos para contener a Apep cuando llevo la luz al mundo cada día.

— ¿Qué debemos hacer con cualquiera que suponga una amenaza para la creación? —preguntó Hathor. —Los criminales deben ser castigados.

—O eliminados —dijo Shu.

Ra reflexionó por un momento. Al final, asintió y se dirigió a Hathor:

— ¿Tienes alguna sugerencia?

Hathor comenzó a responderle, pero Tefnut habló en su lugar:

—La hija de Hathor, Sekmet, podría asesinarlos. Parece que ella es la más adecuada para este tipo de tarea. Como es una leona, puede cazarlos y devorarlos.

Ra respiró hondo y dijo:

—Sekmet, acércate. Necesito tus habilidades.

La Diosa Leona dio un paso adelante para colocarse ante Ra.

—Sí, Su Eminencia. ¿Cómo puedo serviros?

—Los humanos se han vuelto unos egocéntricos. Su egoísmo amenaza la trama misma de toda la creación. Quiero que los devores a todos. Elimina a su estirpe de la tierra.

—Entiendo, Señor Ra. Sin embargo, ¿os dais cuenta de que una vez que una vez que empiece, la sed de sangre me cegará, evitará que

me ocupe de otras necesidades y tapará mis oídos a cualquier otra petición?

—Lo entiendo —contestó Ra. —Hágase. Comienza ahora mismo.

Así pues, Sekmet se alejó de la Enéada y de todos los asistentes allí reunidos. Salió al gran mundo y comenzó a asesinar a cualquier humano que pudo encontrar; hombre, mujer o niño. Con sus garras, cortó sus cuerpos, derramando su sangre sobre todas las cosas. Ella nadaba en esta sangre y más tarde se la bebía. La carnicería había comenzado.

Al día siguiente, mientras movía el Sol a través del cielo, con Sett a la proa de su barca para repeler a Apep, Ra echó una mirada hacia el mundo. Incluso desde allí podía oír los lamentos. Podía oler el miedo y la muerte.

— ¿Tehuty? —dijo Ra, volviéndose hacia el Dios de la sabiduría y el conocimiento. — ¿Qué piensas de todo esto que Sekmet está haciendo a nuestros pies?

—Aunque es cierto que muchos de los humanos estaban conspirando para derrocar a los Dioses, y a ti incluido, mi Señor, había algunos que poseían corazones justos. Sin dudas, aquellos que guardan el caos en sus corazones deben ser castigados, pero...

—Pero piensas que está mal matarlos a todos.

Tehuty asintió.

— ¿Y tú, Maat? ¿Qué tienes que decir a esto?

La Diosa del orden se tomó varios minutos para ordenar sus pensamientos antes de hablar. Sabía que las palabras dichas sin pensar podían crear su propio caos.

—Mi Señor, lo que has iniciado tiene su propia sabiduría. Ciertamente, ahora los humanos se han vuelto temerosos de los Dioses, y muchos se han arrepentido de su afán conspiratorio. Y también estoy de acuerdo en que algunos nunca fueron tan traidores como para merecer una muerte dolorosa. Ya me gustaría que hubiera

alguna manera de preservar unos pocos humanos para ver si la amenaza de su extinción los ha vuelto lo suficientemente humildes.

—Pero, ¿cómo? —preguntó Ra. —La propia Sekmet dijo que una vez ha bebido sangre es imparable. ¿Sería valioso salvarle la vida a unos pocos? Tenían mucho potencial.

Tehuty asintió.

—Salvar a unos pocos, mi Señor, sería algo bueno. ¿Cómo? Tal vez podamos hacer que Sekmet se emborrache tanto que se olvide de su sed de sangre.

Ra se rió y negó con la cabeza.

—Brillante sugerencia, pero ¿cómo la llevarías a la práctica? No veo que tenga intenciones de parar para disfrutar de cosas como esta.

—Tan solo está buscando sangre —dijo Sett. —Dale más sangre.

—Sí —dijo Ra. —Haced siete mil jarras de cerveza. Hacedla espesa y teñirla de color para hacer que parezca sangre. Luego, verted la cerveza sobre la tierra delante de ella para que se la beba en vez de ir a por sangre.

Al día siguiente, la cerveza ya estaba preparada, espesada y teñida en las jarras. Todos los Dioses ayudaron a verter el líquido rojo ante la furibunda Sekmet. Efectivamente, se paró a bebérsela, y cuando hubo terminado, caminó unos cuantos pasos y se echó a dormir vencida por el sueño. Cuando se despertó, Ra estaba allí para darle una nueva orden.

—Mi queridísima Sekmet —dijo Ra.

—Mi Señor —respondió ella, mirando a lo lejos como si estuviera poseída por una gran culpa. —Siento que mi tarea aún no está terminada.

—Pero lo está. —dijo Ra. —Lo has hecho bien, y ahora, necesito que unos pocos humanos permanezcan con vida para que aprendan a ser humildes mediante todo lo que tú has hecho.

—Entiendo.

Así pues, Sekmet se había convertido en un azote para la humanidad, pero solo por un breve período de tiempo. La humanidad había hecho descender su ira sobre sí misma.

El Significado de Apep

Antes de la creación, todo era caos, sin forma ni propósito. Este estado se conocía como Apep, y tenía la forma de una serpiente gigante.

El trabajo de los Dioses era mantener alejada a la oscuridad del caos y reemplazarla con el orden y la luz.

En ocasiones, Sett se sentía desbordado mientras se hacía cargo de la proa de la barca de Ra. Apep intentaba tragarse el Sol y ocultar su luz con manchas, pero Sett siempre recuperaba el control de la situación, rechazaba los embates de Apep y restauraba la luz del Sol.

En el mundo de la razón y la ciencia, sabemos que el acto de "tragarse" el Sol consistía en un eclipse solar donde la luna tapaba a la estrella. El orden de nuestro universo físico es simplemente el resultado de la constancia y continuidad de las leyes físicas.

A lo largo de la historia de Egipto, los faraones eran agentes del sol y tenían la misión de expulsar el caos de los pueblos no civilizados que siempre estaban intentando invadir sus tierras. En muchos aspectos, estos pueblos sin civilizar eran agentes de Apep que destruían el orden de las cosas. De este modo, todos los Dioses egipcios eran monstruos para los enemigos de Kemet y para los esbirros de Apep.

Capítulo 5 — Sett: Dios del Desierto, las Tormentas, la Guerra, el Mal y el Caos

Sett no siempre fue un villano. En un principio, era uno de los miembros de la Enéada, el consejo de los Dioses.

Después de que Sekmet hubiera destruido a la mayoría de la humanidad, Ra hizo que los Dioses alzaran a Nut (el cielo) por encima de la Tierra. Allí, los Dioses gobernarían el mundo desde la distancia. Sin embargo, para mantener el orden sobre el terreno, Ra designó a Auser (Osiris) como el gobernante de Kemet y a Asett, como esposa suya, para gobernar a su lado.

Sett se puso celoso, pues ni siquiera los Dioses estaban libres de volverse egoístas y egocéntricos. Uno podría preguntarse si Sett tuvo muchos encuentros cercanos con Apep. ¿Se había torcido y había asumido el objetivo de Apep, el de subvertir el orden mediante el caos?

Por estas razones, solo Apep y Sett pueden considerarse como auténticos monstruos en toda la mitología egipcia, pues su misión era

ir en contra de la paz y el orden, y saciar sus deseos y necesidades egoístas.

Seducido por el Poder y por el Lado Oscuro

Había comenzado un nuevo día. Ra se encontraba de nuevo al mando de su barca, surcando los cielos, remolcando la imagen y semblanza del Sol para que brillara sobre el mundo de abajo. A su lado se encontraban Maat, la Diosa del orden, y Tehuty, el Dios de la sabiduría y del conocimiento. En la proa se hallaba Sett, con la espada lista para atacar a Apep en el caso de que la gran serpiente tratara de molestarles.

La monotonía de este suceso volvió a Sett un poco loco. Allí estaba, situado en la barca divina, haciendo lo mismo una y otra vez, todos los días del año, y todos los años, uno detrás de otro.

Bajo sus pies, podía ver a los humanos y sus diversas actividades. Algunos estaban reuniéndose para construir sus civilizaciones independientes. Sett admiró la actividad y los frutos de sus creaciones. Le gustaba el sentimiento de cambio y de progreso.

Entonces, Sett pudo divisar a Asett y Auser mientras gobernaban la mayor nación del mundo, Kemet. La cinta de agua que se deslizaba a través del desierto refulgía con el roce de la luz del sol y le devolvía su brillo a él y a los demás tripulantes de la barca divina.

"¿Cómo sería poder gobernar?", se preguntaba. "¿Cómo sería poder dar órdenes a los demás y obligarles a actuar según tu voluntad?".

Y mientras se hacía estas preguntas, no se dio cuenta de que Apep estaba rodeando la barca, buscando una oportunidad para atacar.

— ¡Sett! —le gritó Ra. — ¿Qué estás haciendo? Apep le ha arrancado un bocado al Sol.

El joven Dios parpadeó varias veces y se giró para mirar al Sol. Efectivamente, parte de él se había oscurecido y, en la parte brillante que quedaba, pudo ver una forma sombría del Caos moviéndose

nerviosamente a través del cielo. Le asestó un golpe a la bestia inmediatamente, pero esta no se marchaba.

El cielo se fue oscureciendo cada vez más hasta que toda la luz del sol se había extinguido. Sett golpeó a la bestia repetidas veces y al final, le hundió el filo de su espada en el corazón. Poco a poco, Apep soltó a su presa y la luz retornó al mundo.

Unos minutos más tarde, pudo ver cómo la eterna serpiente se alejaba deslizándose por el universo.

—Bien hecho, hijo mío —dijo Ra. —Una vez más, has prevalecido sobre el caos.

Sett asintió al escuchar sus alabanzas, pero se sentía vacío. Unos momentos antes había sentido su corazón golpeteando con fuerza ante la emoción del conflicto en acción. Ahora, todo había vuelto a la monotonía del orden tedioso y de la tranquilidad.

"*¿Por qué no puedo tener más conflictos en mi vida?*" se preguntaba Sett a sí mismo. "Quiero sentir la emoción de un reto que ponga en riesgo mi vida".

Mientras Sett le daba vueltas a estos oscuros pensamientos, su mirada volvió a caer una vez más sobre el Gran Salón desde el cual Auser gobernaba todo Kemet. "Si tuviera su poder, lo utilizaría para conquistar otras tierras. Eso me daría emociones suficientes para varios milenios".

Más tarde, cuando el día llegó a su fin y los encargados nocturnos de mantenimiento se llevaron la barca divina, Sett bajó a Kemet para visitar a su hermano y su hermana. Cuanto más se acercaba a ellos, más se oscurecía su corazón y más le reconcomía ver que ellos disfrutaban de lo que él ansiaba tan desesperadamente.

El Dios de la defensa estaba entonces seducido por el deseo de atacar. A mitad de su camino a Kemet, se detuvo. Allí, en el desierto brillante iluminado por las estrellas, reflexionó sobre cómo podía obtener sus deseos más profundos. Sin embargo, cometer traición no

iba a serle fácil. Pasó el resto de la noche conspirando contra su hermano y su hermana.

Cuando la corneta le llamaba para que retornara a la barca divina, dirigió la mirada a su brazo derecho y sintió la sangre correr por sus venas. En el ojo de su mente, podía ver a Apep nadando por sus venas, dándole a su vida un nuevo significado.

A lo largo de las semanas siguientes, Sett habló con muchos de los Dioses menores y a algunos de los humanos más poderosos de Kemet en un lenguaje velado. A lo largo de sus numerosas conversaciones, pudo distinguir los corazones de aquellos que estaban dispuestos a ayudarle en su lucha por el poder. A lo largo de todos esos días, reunió un ejército de seres que pensaban como él y que deseaban un cambio: la misma magnitud de cambio que la que había transformado el dominio del caos que era el universo en el dominio del orden.

Un día, Sett no se presentó cuando se oyó la llamada para embarcar en la barca solar.

— ¿Dónde está Sett? —preguntó Ra.

—No lo sé, mi Señor —le contestó Tehuty.

—Yo tampoco —dijo Maat. — ¿Qué vamos a hacer?

—Haremos turnos para defendernos de Apep —dijo Ra con una determinación creciente. —Tenemos que mantener el orden del tiempo. El día debe tener su período de luz solar. Iremos a buscar a Sett más tarde, cuando hayamos terminado nuestro trabajo en el cielo.

Hacia la media mañana, Tehuty estaba montando guardia a la proa de la barca cuando se distrajo con una oleada de movimiento bajo sus pies.

— ¡Ra! —gritó. — ¡Mira! Es Sett. Está atacando Kemet.

Ra miró hacia abajo horrorizado mientras Sett y su poderoso ejército arrasaban Kemet, destruyendo las tropas de Auser.

Y mientras Sett se aproximaba a la capital, Auser salió al encuentro de su hermano.

— ¿Por qué haces esto, hermano? —preguntó Auser. — ¿Por qué no estás en la barca divina protegiendo al Sol?

Una oscura sonrisa de superioridad cruzó la cara de Sett mientras le contestaba:

—Del mismo modo que Ra ordenó los cambios que trajeron orden al universo, estoy ordenando los cambios que harán manifiesto el poder y el control sobre el universo.

— ¿Pero a qué coste? —le preguntó Auser. —Estás destruyendo el orden. Si continúas actuando así, Apep tomará ventaja con toda seguridad.

—Sé cómo manejar a Apep —dijo Sett. —Al fin y al cabo, llevo luchando contra el caos durante miles de años. Nadie está más cualificado que yo.

—Pero...

— ¡Prendedlo! —ordenó Sett.

Y los esbirros de Sett tomaron a Auser preso y lo ataron.

—Hermano, hago esto por el bien del universo.

De repente, Sett comenzó a cortar en pedazos el cuerpo de su hermano, partiéndolo en más de doce trozos. Acto seguido, se volvió hacia sus lugartenientes y les ordenó:

—Tomad cada uno un trozo de mi hermano y lleváoslo a una de las ciudades principales de Kemet. Así, Auser no tendrá poder sobre Kemet nunca más.

El resto de Dioses estaban consternados por lo que Sett había hecho, pero el atrevimiento de sus acciones también le ganó un cierto respeto por parte de prácticamente todos los seres divinos. La única que no se dejó conmover ni se admiró fue, por supuesto, la hermana y esposa de Auser, Asett.

Tercera Parte — Mortales Egipcios que Hicieron Historia

Ozymandias

Me encontré con un viajero de una tierra antigua
que dijo: "Dos inmensas columnas de piedra sin fuste
se alzan en el desierto... Cerca de ellas, en la arena
yace medio enterrado un rostro hecho trizas, cuyo gesto,
y labio fruncido, y mueca desdeñosa de frío control,
nos cuentan que el escultor captó bien sus emociones;
las cuales aún perduran, plasmadas en estas cosas yertas
por la mano que las imitó y el corazón al que alimentaron.
Y sobre el pedestal, estas palabras aparecen:
"Mi nombre es Ozymandias, Rey de Reyes.
¡Contemplad mis obras, oh poderosos, y temblad!"
Nada se conserva salvo esto. En torno a los restos
de aquellas ruinas colosales, infinitas y desnudas,
tan solo la arena se extiende, solitaria, hasta el horizonte".
—Percy Bysshe Shelley, 1818, *The Examiner* de Londres

Capítulo 6 — Imhotep, el Polímata del Siglo XXVII AEC

Quinientos años después de lo que los historiadores modernos llaman "la Primera Dinastía" (después del reinado del primer Rey Escorpión), y casi cuatrocientos años después de que Narmer el Grande hubiera unificado todo Kemet, Djoser gobernó la tierra del río sagrado. Gobernó desde Inbu-Hedj ("las murallas blancas"), una ciudad que los griegos conocerían con el nombre de Menfis.

Un hombre llamado Imhotep era el asistente del faraón, y se hizo tan indispensable que se ganó el derecho de que se le considerara "el primero de la fila tras el rey".

Kenneth Feder, antropólogo y profesor de arqueología, creó una lista con los títulos oficiales de Imhotep en uno de sus libros: "Canciller de Egipto, Doctor, Primero en la Fila tras el Rey del Alto Egipto, Administrador del Gran Palacio, Noble por herencia, Sumo Sacerdote de Heliópolis, Constructor, Carpintero Jefe, Escultor Jefe y Jefe de los Fabricantes de Vasijas".

Imhotep también era un poeta y filósofo al que se mencionaba a menudo durante gran parte de la historia egipcia.

Así pues, parece que Imhotep era lo que podríamos llamar un polímata, o un "hombre renacentista". Sus conocimientos eran amplios, y abarcaban varios campos. Sus habilidades eran variadas y muy profundas, por lo que se le puede comparar perfectamente con

figuras de la talla de Leonardo da Vinci, Galileo Galilei y Johann Wolfgang von Goethe.

Esta mano derecha del rey también era matemático, astrónomo y arquitecto. Se dice que fue él quien diseñó la primera pirámide, la Pirámide Escalonada de Saqqara.

Hacia la época de la República romana, Imhotep había sido elevado a la categoría de Dios. Sus trabajos médicos se usaron durante la época del Imperio romano y se le tenía en tan alta estima que dos emperadores romanos, Tiberio y Claudio, incluyeron alabanzas a Imhotep en las inscripciones de sus templos.

Imhotep, el Diseñador de Planes Maestros

El canciller del rey se retiró a dormir cansado, pero feliz. Había conseguido llevar a término muchas cosas durante el tiempo que había estado sirviendo a todo Kemet y al Dios residente, Djoser, emisario de Heru, y representante de la Enéada en la Tierra.

Fuera de su oscura habitación, las estrellas llenaban el cielo con su cálido destello. Al contrario que la mayoría de hombres, Imhotep veía cada parte de la existencia como un recurso y como una fuente de soluciones. Mientras el campo de las estrellas abrazaba el mundo, abrazó a su esposa y se sumió poco a poco en un profundo sueño.

En sus sueños, se acordó del tema preocupante del que había estado tratando con el rey aquel día: la cosecha de grano de aquel año había sido significativamente más pequeña que la del año anterior. Entonces, tal y como sucede en los sueños con tanta facilidad, se dio la vuelta y se encontró en un momento futuro, siete años más tarde, tras otros siete años de prosperidad. La gente estaba engordando de puro próspera. Se giró de nuevo y avanzó otros siete años en el futuro, pero esta vez, la gente de su pueblo estaba muerta o moría en gran número. Aquellos que quedaban estaban esqueléticos por el hambre.

Al cabo de un rato, se encontró sentado en la cama. Las sábanas estaban frías y tirantes. El sudor le caía por la cara de la angustia que había sentido unos momentos más tarde.

— ¿Qué te ocurre, mi amor? —le preguntó su esposa. — ¿Sucede algo malo?

—No, mi amada. Vuelve a dormirte. Todo está como tiene que estar.

El canciller se levantó y atravesó la habitación para pasar al salón exterior. Llamó a su esclavo en voz baja para no despertar a su esposa:

—Tráeme una llama para mi lámpara. Tengo que escribir unas notas antes de que claree el nuevo día.

Al cabo del rato, el esclavo volvió y encendió la lámpara de Imhotep. Acto seguido, el canciller se fue a su estudio para apuntar los pensamientos que estaban acudiendo a su mente.

Por un momento, simplemente estuvo sentado mirando al papiro y al cálamo de caña que sostenía en la mano, listo para mojarlo en la tinta.

—Analiza el problema —susurró para sí mismo. — ¿Cuál es su naturaleza exacta? ¿Qué hay tras el sentimiento que tengo?

Imhotep asintió.

—Hambruna. Prevención.

Abrió rápidamente el pequeño frasco de arcilla y mojó su cálamo de caña en él, dejando que absorbiera un poco de tinta. Realizó varios trazos diestros sobre la superficie del papiro, combinando los símbolos que iban adquiriendo cada vez más significados en consonancia con los pensamientos que cruzaban su mente. A ratos, capturaba la esencia de sus preocupaciones y hacía una lista de sus posibles soluciones. La más prometedora de todas ellas parecía ser la de almacenar excedentes durante los años de abundancia y racionar lo almacenado cuando fuera conveniente.

Cuando terminó, sostuvo el papiro ante sus ojos y admiró su contenido. Era una idea tan simple que parecía mentira que no la hubiera contemplado antes. Se rió a medias del pensamiento irónico que tenía acerca de que posiblemente esta idea le hubiera acudido a la mente demasiado tarde. ¿Qué sucedería si la cosecha del año siguiente marcaba el comienzo de los años de hambruna?

Se encogió de hombros y sonrió. No tenía sentido preocuparse.

—La preocupación —susurró para sí mismo —es un malgasto de esfuerzo por algo que puede que no suceda. Es mejor disfrutar de los momentos que tenemos y sacar el máximo provecho de ellos.

Con todo ello, tomó el papiro y la lámpara y regresó a su habitación. Tras colocar aquel valioso escrito en un lugar seguro de la mesita de noche, apagó la lámpara y volvió a la cama con su mujer.

Esta vez, mientras se dejaba llevar por el sueño, sintió el extraño tipo de felicidad que sienten las personas que siempre encuentran soluciones para los problemas de este mundo mortal. Sabía que su inteligencia era elevada, pero no había llegado a ser canciller del Rey Djoser solo por ella. Había otras personas más inteligentes que él, pero carecían de su actitud humilde y su imaginación de niño.

Cuando el Sol volvió a la mañana siguiente, Imhotep desayunó y le dio un beso a su esposa antes de marchar hacia el edificio principal de palacio.

Cuando llegó donde estaba el rey, esperó hasta que el faraón hubo terminado con su rutina diaria.

— ¿Hay alguna novedad? —le preguntó Djoser a su consejero.

—Sí, mi Señor. —le dijo Imhotep. —Tengo una sugerencia sobre el tema del que hablamos ayer, sobre la escasez de la cosecha de grano.

El rey Djoser inclinó su cabeza a un lado y entornó los ojos. Su cara adoptó una expresión de creciente interés.

—Hay una cantidad mínima que debemos guardar para mantener la salud de nuestra nación. Os propongo que almacenemos todo el

grano que obtengamos por encima de ese mínimo hasta que tengamos suministros para siete años. Así, la naturaleza impredecible de las inundaciones del Nilo no amenazará nuestra supervivencia nunca. Siempre tendremos lo suficiente para mantenernos vivos y prosperar hasta que los años de abundancia regresen.

Una risa repentina sorprendió a Imhotep. Este movió la cabeza y dio un paso atrás. Acto seguido, miró al rostro sonriente del soberano y le devolvió su sonrisa.

—Bien pensado, amigo mío —dijo Djoser. —Muy, pero que muy bien pensado. Hice bien depositando mi fe en ti. Sigues haciendo muchas más contribuciones a Kemet que cualquiera de los consejeros que te precedieron. Por esta razón, proclamo que serás mi mano derecha en el gobierno. Siempre que me encuentre lejos, tus palabras serán las mías. Que así sea.

Imhotep hizo una reverencia a su rey y se sintió impresionado por el honor que se le había concedido. Aceptó tal honor de grado, pero en su fuero interno, rezó pidiendo poder estar siempre a la altura de tal honor, el de continuar teniendo la creatividad y sabiduría necesarias para hacer por Kemet y por su rey todo lo que fuera necesario.

Capítulo 7 — Akenatón, el Rey que Removió los Cimientos de la Tradición

Amenhotep IV era el segundo hijo de Amenhotep III. Su padre había sido un faraón muy exitoso, el noveno de la XVIII dinastía, y reinó del 1388 al 1351 AEC. Se han encontrado más estatuas de su padre que de cualquier otro rey egipcio.

El hermano mayor de Amenhotep IV, Tutmosis, estaba destinado a ser el rey a continuación de su padre, pero durante el 30º año de su reinado, Tutmosis murió. De repente, Amenhotep IV se convirtió en el sucesor de su padre (1351-1334). Y durante el 37º año del mandato de su padre sobre Egipto, este murió. Todo aquel poder y prosperidad pasaron a su segundo hijo. ¿Se llevó a cabo alguna treta sucia? No tenemos forma de saberlo. Los registros sobre su sucesor son escasos.

Lo que sí sabemos es que durante el octavo año de su reinado, Amenhotep IV se cambió el nombre por el de Akenatón. El nombre que había compartido con su padre, Amenhotep, significaba "Amón está satisfecho", en honor al Dios cuyo nombre quería decir "el invisible" o "el que está oculto". El nuevo nombre significaba "al

servicio de Atón". Atón era un Dios solar; particularmente, del disco solar, más que de otros aspectos de este astro (su luz, su calor, su poder generador de vida y su capacidad para separar el día de la noche).

Amón conservó su popularidad como una de las deidades más importantes de Egipto durante 200 años. Antes de ello, Amón solo había sido una deidad local. Sin embargo, cuando la ciudad de Waset (la cual los griegos llamaron Tebas más adelante) se convirtió en la capital del Egipto unificado, lo que era local se convirtió en nacional. A lo largo de esas diez generaciones, los sumos sacerdotes de Amón obtuvieron un gran poder e influencia.

Ahora, este rey que ni siquiera se suponía que tenía que haber llegado a ser rey, estaba dándole la espalda a este Dios supremo por un ángel menor que apenas se mencionaba en los textos antiguos.

Al principio, Akenatón toleró las creencias religiosas de los demás. Sin embargo, comenzó a hacer cada vez más presión para que se abandonaran las tradiciones antiguas. Usó la riqueza de Egipto para construir una nueva capital a la que llamó Ajetatón (la moderna Amarna) en un lugar donde nada se había construido antes: una ciudad entera construida en terreno salvaje desde cero.

Durante su reinado, Egipto perdió un área considerable de sus territorios del norte cuando los hititas las conquistaron. Algunos sentían que este rey estaba coqueteando con el caos, y que esta pérdida era un castigo al pecado del caos. Ciertamente, los sacerdotes de Amón de Waset se dieron cuenta de que esta idea era popular.

Akenatón tenía varias esposas, tal y como era costumbre entre los faraones. Su Gran Esposa Real, o consorte principal, era Nefertiti. Otras de sus esposas eran Kiya, Meritatón, Ankhesenamón y una hermana suya cuyo nombre se desconoce, pero a la que los historiadores llaman "La Dama Más Joven".

Nefertiti solo le dio hijas a su marido: seis de ellas.

Imaginando a Akenatón

El gran visir se acercó lentamente hacia el trono e hizo una reverencia. Mientras lo hacía, levantó varias tabletas de arcilla.

—Acércate —dijo Akenatón. — ¿Qué tenemos aquí?

—Informes, mi Señor —dijo el gran visir. —De vuestros estados vasallos en Canaán.

El rey levantó su mano derecha y dobló sus dedos como queriendo indicarle al visir que se acercara. Sin embargo, el hombre sabía que el significado de este gesto era que le diera más información.

—Sí, Su Eminencia —dijo el visir. —Nos llegan ruegos desde Rib-Hadda para que les enviemos apoyo militar y...

— ¿Otra vez? —Akenatón negó con la cabeza lleno de incredulidad. —Ese administrador me envía más mensajes él solo que todos los demás juntos. Si pierde su posición en Biblos por un golpe de estado, lo veré con buenos ojos, siempre que su sucesor siga pagando tributos al Imperio. Ahora mismo, me preocupa más nuestra campaña en Nubia. ¿Alguna noticia de allá?

—Todavía no, Su Eminencia.

Akenatón respiró hondo y esperó un momento.

— ¿Hay otros asuntos que tratar?

—Afortunadamente no, mi Señor. Sin embargo, la Gran Esposa Real y vuestras seis hijas desean veros.

—Nefertiti —contestó el rey. —Sí; hazlas pasar, por favor.

Después de Akenatón

Akenatón gobernó Egipto durante 17 años en total. Tras la muerte de Akenatón, Semenjkara se convirtió en el nuevo rey y gobernó durante poco más de un año. Se conoce muy poco sobre él, ya que los reyes posteriores trataron de borrar de los registros históricos todo rastro de Akenatón y de todos aquellos que se asociaron con él.

Semenjkara bien pudo haber sido uno de los hijos de Akenatón o uno de sus hermanos. Sencillamente, no lo sabemos.

Después de Semenjkara, fue una mujer la que ascendió al trono. Su nombre era Neferneferuatón, y gobernó durante dos años. ¿Se trataba de Nefertiti o de una de las hijas que Akenatón tuvo con ella (Meritatón o Neferneferuatón Tasherit)? Tampoco lo sabemos.

Imaginando al Rey Tutankamón

Toda la ciudad de Ajetatón estaba de luto oficial, pero en secreto, muchos se regocijaban al ver que otro miembro de la familia sacrílega había muerto. Neferneferuatón había gobernado durante un año y nueve meses, pero el sacerdote de Amón se aseguró de que sus órdenes fueran boicoteadas de una forma u otra.

Algunos dicen que el estrés por su incapacidad para gobernar acabó por pasarle factura. Otros dicen que el visir que había muerto al mismo tiempo que ella se había sacrificado para poder envenenar su última comida. Él la había probado, demostrando que era segura, pero según algunos, llevaba un veneno de acción retardada que había añadido el propio visir.

Hoy, el funeral había llegado a su fin. Ya habían enterrado a Neferneferuatón en su tumba temporal. Delante de la muchedumbre se encontraba un niño de nueve años. Tras él estaba el nuevo gran visir, sus ayudantes, varios de sus primos y la madre del muchacho, a la que los historiadores solo conocen como La Dama Más Joven. Hoy, el pequeño Tutankatón se convertiría en el Rey Tutankamón, gobernante de todo Kemet; de Nubia a Canaán y de Libia al mar Rojo.

Tras la ceremonia de coronación, el visir se llevó al niño rápidamente a los salones del consejo. En torno al chico se agrupó un ejército de consejeros, escribas y visires de menor rango. Todos ellos eran devotos de Amón, el único Dios verdadero de Egipto; el Dios más supremo, el que carecía de forma. Comparados con Él, todos los demás no eran más que ángeles o sirvientes divinos. Incluso Atón

solo era una parte de la corte de los inmortales, sin punto de comparación con el padre de toda la creación.

—Señor —dijo el gran visir, —como ya sabéis, el faraón es una divinidad en la Tierra. Vos sois la divinidad actualmente. Alabado sea el Rey Tutankatón, cuyo nombre significa "la viva imagen de Atón". Hace tan solo tres años, vuestro padre gobernaba este país. Como divinidad sobre la Tierra, fracasó en su misión principal, la de ayudar a Maat en la Tierra a mantener el orden sobre el caos. Como sabemos, el caos es la muerte: la muerte de Kemet, la muerte de toda vida y la muerte de la creación. Incluso el Señor Atón, vuestro tocayo, podría otorgar a estos hechos su justo valor.

— ¿Entonces, qué es lo que estás diciendo? —preguntó el joven rey. — ¿Qué mi nombre es una abominación? ¿Que no soy digno porque me pusieron mi nombre en honor a Atón, en vez de a Amón?

—No, mi Señor —se apresuró a contestar el gran visir. —Todos os seguiremos adonde nos dirijáis. Nuestro destino está ligado a vuestras indicaciones. Si nos decís que vayamos a la guerra, iremos. Si nos pedís que muramos, moriremos; pues el bien de Kemet es más importante que la vida de un solo individuo.

— ¿Incluso la vida de este simple niño de nueve años?

—No, Su Eminencia —el gran visir respiró hondo. Esto iba a resultarle más difícil de lo que había imaginado. —Vos ya no sois un simple niño. Sois Kemet. Vuestra vida y bienestar deben ser protegidos a cualquier coste. Sin vos, Kemet no existiría.

—Si ese es el caso —dijo el joven rey, — ¿entonces, por qué envenenaron a mi madrastra?

La cara del gran visir se puso roja. Una lluvia de expresiones de estupefacción recorrió la multitud de administradores que rodeaban al rey. De pronto, se encontraban cara a cara con la pura verdad: este niño podía ordenar matarlos a todos. Podía hacer borrón y cuenta nueva y nombrar a un nuevo grupo de consejeros.

El gran visir tenía la sabiduría que dan los años, y sabía que este joven rey había visto muchos conflictos en el país debido al descontento con las políticas de Akenatón, el padre del chico. Sabía que tenía que enfrentarse directamente a la oscuridad.

—Mi Señor —dijo con calma, —vos tenéis el poder y la autoridad de mandar que nos maten a todos.

Aquellas palabras conmocionaron a los consejeros allí presentes. Algunos contuvieron su respiración y esperaron la respuesta del rey niño.

—Si os ofendemos de algún modo —continuó el gran visir, —deberíais actuar contra aquello que pone en peligro el orden de las cosas. El visir anterior estaba loco, y el caos le había enajenado. Pero eso es lo que sucede cuando un rey o reina conduce a Kemet al caos. Hacerlo así es vuestro derecho. Podéis destruir Kemet hasta los cimientos, pues Kemet es vuestro y de nadie más. Siempre y cuando nos mantengamos cuerdos y libres de los efectos del caos, seguiremos vuestras órdenes al pie de la letra, incluso si nos empujan a todos al caos.

El joven rey respiró hondo y se alejó del gran visir. Analizó los rostros de los demás, midiendo sus expresiones. Algunas de ellas reflejaban un terror reprimido, pero mezclado con una firme voluntad de obedecer. En otras, solamente vio la actitud calmosa de un cortesano pelota: una sonrisa postiza y unos ojos taimados y penetrantes.

El nuevo faraón se giró de nuevo y miró fijamente al gran visir.

— ¿Qué me recomiendas?

—Durante los primeros años de vuestro largo reinado —contestó el gran visir, respirando aún más hondo antes de continuar, —os recomiendo que volváis a poner Kemet bajo el gobierno de Maat, la Diosa del orden. Nuestro país se encuentra desgarrado por su desviación hacia Atón. En primer lugar, podríais cambiar vuestro

nombre, pues es vuestro derecho como Señor de todo Kemet. Sería algo que honraría a Amón, el único Dios verdadero.

—Entonces —dijo el rey, — ¿debo cambiar mi nombre a Tutankamón, "la viva imagen de Amón"? ¿De un Dios que no tiene imagen?

—Si así lo deseáis, mi Señor.

— ¿Y qué más?

—Os recomiendo que trasladéis la capital de vuelta a Waset para que nuestro pueblo sienta que el orden se ha restablecido en el país.

—Muy bien —dijo el joven rey. —Meditaré sobre lo que me has sugerido. Aprecio tu honestidad y tu sabiduría. Todo Kemet tiene una bendición al contar contigo, que eres un consejero fuerte y sabio. Ahora, déjame solo para que pueda pensar en estas cosas.

De Vuelta al Orden

Muy pronto, la ciudad de Ajetatón quedó completamente abandonada, y todo en ella quedó en ruinas.

Cuando nueve años más tarde el faraón adolescente murió, su tío abuelo, Ay, subió al trono. Aquel hombre gobernó durante cuatro breves años.

Cuando Ay murió, el comandante en jefe del ejército tomó el gobierno en sus manos. Su nombre era Horemheb, una apelación cuyo significado es "Horus se regocija". Este nuevo rey gobernó catorce años, y dedicó gran parte de ellos a destruir cualquier monumento dejado por Akenatón. Los materiales de construcción se usaron para erigir monumentos más tradicionales. Es por ello que los historiadores modernos casi no han encontrado datos sobre Akenatón y su familia. De hecho, la lista de reyes que pasaba de un faraón a otro mostraba el nombre de Amenhotep III inmediatamente seguido del de Horemheb.

Cuando Horemheb falleció, se aseguró de que el gobierno pasaba a su visir, un hombre llamado Paramesu. El visir ascendió al trono con el nombre de Ramsés I, el abuelo de Ramsés el Grande.

Capítulo 8 — Ramsés el Grande

Toda la historia egipcia parece conducirnos hacia el gran Ozymandias, Ramsés II (desde alrededor del 1303 hasta el 1213 AEC). Todo lo que aconteció tras él no está a la altura de su grandeza. Fue el Rey de Reyes, sobre el que, unos 3.000 años más tarde, el poeta escribió "¡Contemplad mis obras, oh poderosos, y temblad!" Y a pesar de ello, al final su poder quedó reducido a polvo.

El padre de Ramsés II, Seti I, recuperó gran parte del territorio perdido durante el reinado de Akenatón. Incluso reconquistó Kadesh, una ciudad de Siria, y la región de los amorreos, capturada por los hititas unas décadas atrás. Sin embargo, los egipcios volvieron a perder Kadesh porque estaba muy cerca de la patria de los hititas y no era fácil de controlar desde la capital egipcia.

En su segundo año en el trono, Ramsés II (que reinó del 1279 al 1213 AEC) se enfrentaba a la amenaza de los piratas del pueblo shirdana al comercio. Otras naciones habían estado enviando barcos llenos de mercancías a Egipto para comerciar, pero los piratas vieron esto como una oportunidad para conseguir prosperidad de manera fácil. El rey desplegó barcos y tropas en ubicaciones estratégicas a lo largo de toda la costa egipcia. Usó barcos mercantes como cebo, pero

todos ellos iban cargados de soldados. Los piratas se tragaron el cebo y sufrieron su propia esclavitud.

Ramsés le arrebató el país de los amorreos a los hititas en el cuarto año de su mandato.

El rey construyó una nueva capital en Pi-Ramsés con fábricas para manufacturar armas de guerra: carros, espadas, escudos y otras más.

En el séptimo año de su reinado, Ramsés volvió al norte para luchar de nuevo contra los hititas. Aunque su campaña resultó ser un éxito, Kadesh y el país amorreo volvieron a estar de nuevo bajo control hitita. En su décimo año, Ramsés intentó recuperar aquel territorio septentrional una vez más, pero fracasó.

Desde entonces, las relaciones entre ambos países siguieron siendo inestables durante muchos años.

Mursili III gobernó el Imperio hitita del 1272 al 1265 AEC, pero fue derrocado por su tío, Hattusili III, debido a que el joven carecía de talento y a que había permitido que los asirios capturaran el inmenso territorio de Hanigalbat (Mittani). En un primer momento, Mursili III trató de recuperar el trono, pero no lo logró. Cuando toda esperanza parecía perdida para él, huyó al lugar adonde ningún hitita se había dirigido: Egipto.

Hattusili III se enteró de que Mursili III se había marchado a Egipto, y envió un mensaje a la corte de Ramsés exigiendo que mandaran a su sobrino de vuelta a Hatti. El faraón egipcio negó saber nada de la presencia de Mursili III en tierras del Nilo. El rey hitita no creyó a Ramsés, y le amenazó con ir a la guerra.

En el año 1258 AEC, el 21º año de mandato de Ramsés, ambos reyes acordaron redactar un tratado de paz. Ninguno de los bandos parecía estar en condiciones de emprender una guerra perpetua sobre Kadesh, y ninguno de ellos estaba dispuesto a marcharse sin más de la ciudad ni de su territorio circundante.

El Primer Tratado de Paz Conocido del Mundo

Un hombre alto de mediana edad atravesó la habitación y miró la mesa ante la que se hallaba el gran visir. Este le señaló el manuscrito que había encima de la mesa e inclinó su cabeza hacia quien se había acercado a él. Este no era un hombre de 45 años común y corriente. Tenía un aspecto cuidado, y le rodeaba un aura de poder y seguridad en sí mismo. Cuando se movía, todos los presentes se percataban de ello. Se trataba del Rey de Reyes, y estaba nervioso por el evento que iba a tener lugar ese día.

Después de unos momentos, Ramsés II alzó la mirada de la mesa. Sus ojos se clavaron en los del visir.

—Debes estar intentando tomarme el pelo. No voy a firmar esto.

Dirigió su mirada al representante hitita que se encontraba unos pasos por detrás de su visir.

— ¿En serio? ¿Acaso Egipto ha pedido paz a Hatti? ¿Realmente quieres comenzar una guerra cuando nos encontramos a las puertas de obtener la paz?

Él negó con la cabeza.

— ¡No! Eso no es así. Es totalmente falso. Los hititas son quienes han reclamado la paz, y no al revés.

—Su Eminencia —dijo el hitita. —Con permiso.

—Habla. Puede ser la última vez que lo hagas en tu vida, pero si puedes evitar la guerra, debes hablar.

Negó con la cabeza una vez más y se alejó de ellos.

— ¿Por qué no hacemos dos versiones del tratado?

El hitita dudó, y esperó un instante para ver si sus primeras palabras eran la antesala de otras muchas más.

Ramsés se giró, entornando los ojos como si quisiera enfocarlos de una forma más penetrante sobre aquel hombre.

El hitita continuó:

—Ambos tenemos que tranquilizar a nuestras cortes y nuestros nobles. No podemos revocar un tratado que afirma que Hatti ha solicitado la paz, y entiendo claramente que vos no podéis revocar uno que dice que Egipto es quien la ha pedido. Ambos parten de una posición de debilidad, y soy consciente de que ninguna de las partes es débil. Sin embargo, debemos guardar las apariencias. Si podemos estar de acuerdo y firmar un tratado con dos versiones de su texto, con todo su contenido idéntico excepto en aquellas partes necesarias para contentar a nuestros pueblos, entonces habremos conseguido algo excepcional.

Ramsés asintió.

—Estoy empezando a pensar que los diplomáticos son como los vendedores de los bazares. Conviene revisar nuestros objetos de valor antes de marcharnos para cerciorarnos de que conservamos todos los dedos. No me cabe duda de que tus habilidades para engatusarnos son diestras.

Hizo una breve pausa, tras la cual se dirigió a su visir. Se giró bruscamente y se marchó.

El visir se giró hacia el hitita estupefacto y le dijo:

—Entonces, estamos de acuerdo. Dos versiones. Todas las cláusulas importantes deben ser exactamente las mismas, pero aquellas destinadas simplemente a guardar las apariencias estarán redactadas de dos formas: la versión hitita mostrará una imagen favorable de Hatti, y la versión egipcia mostrará una imagen favorable de Kemet.

El hitita respiró hondo, asintió y sonrió discretamente al ver lo que había conseguido allí. Estos hombres habían creado algo que el mundo no había visto jamás. Esperaba que este tratado de paz fuera duradero.

Capítulo 9 — Cleopatra, el Final de una Época

Alejandro Magno conquistó Egipto en el año 332 AEC. Esta es la razón por la que tantas ciudades egipcias del período clásico tienen nombres griegos: Tebas, Menfis, Heliópolis, etc. Además, él fundó la ciudad de Alejandría de Egipto. Durante los últimos 300 años de la existencia del Antiguo Egipto, la tierra del Nilo tuvo gobernantes que eran fieles a la tradición griega.

Cleopatra VII fue la última de su dinastía; la última mandataria del Antiguo Egipto soberano. Después de ella, Egipto se convirtió en una simple provincia de un imperio tras otro: el Imperio romano (30 AEC- 400 EC), el Imperio bizantino (400-628), el Imperio sasánida de Persia (628-639), el Califato fatimí (alrededor de 650- alrededor de 1250), los mamelucos (alrededor de 1250-1517), el Imperio otomano (1517-1867) y, finalmente, como protectorado británico (1882-1952).

Con Cleopatra, llegaron a su fin más de 300 años de historia. Egipto no podía ya tener un faraón después de ella.

Cuando era una joven de catorce años, Cleopatra (69-30 AEC) llegó al poder por primera vez, pero una de sus decisiones resultó ser muy impopular. Para cuando tenía 21 años, su hermano menor,

Ptolomeo XIII, había tomado su lugar como el único mandatario de Egipto. Tras una rebelión fallida, Cleopatra huyó del país.

Durante aproximadamente el mismo tiempo, Roma estaba enzarzada en una guerra civil brutal entre Julio César y el gran Pompeyo. Cuando Pompeyo huyó a Egipto y solicitó ayuda, Ptolomeo XIII temió las consecuencias de emprender cualquier acción, ya fuera socorrer o rechazar al general romano. Uno de sus asesores, sin embargo, le sugirió una tercera opción que ayudaría a César y le haría ganar su favor. Así pues, Ptolomeo ordenó que Pompeyo fuera asesinado. Cuando el representante del faraón presentó ante César la cabeza cortada de Pompeyo, el romano se enfureció al ver que este cónsul romano había sido tan brutalmente traicionado.

César se apoderó de la capital egipcia y decidió ponerle fin al enfrentamiento entre Ptolomeo y su hermana, Cleopatra.

Cuando Cleopatra oyó esta noticia, regresó a Egipto y le pidió a sus agentes que la enrollaran en una alfombra para poder pasar ante los guardas de Ptolomeo y llegar ante Julio César. Una vez allí, usó sus encantos para ganarse el afecto de César. Nueve meses más tarde nacería su hijo, Ptolomeo César (47-30 AEC).

Tanto la madre como el hijo fueron conducidos a Roma como invitados de César. Allí vivieron dos años, hasta que Julio César fue asesinado (15 de marzo del 44 AEC). Ambos volvieron a Egipto y, en ese mismo año, Cleopatra declaró que su hijo, que entonces tan solo tenía tres años de edad, compartiría el gobierno con ella.

Tras la muerte de César, la administración de Roma recayó sobre un triunvirato formado por Gayo Octavio (Octaviano, el hijo adoptivo de César), Marco Antonio y Lépido. Cuando obligaron a Lépido a jubilarse en 36 AEC, Octaviano controlaba las provincias occidentales, mientras que Antonio mandaba sobre las orientales. Durante ese período, Marco Antonio tuvo tres hijos con Cleopatra.

Imaginando los Últimos Días de Kemet

Habían transcurrido casi tres años desde que se rompiera el triunvirato. Octaviano sospechaba cada vez más de Marco Antonio, el líder del este. Cuando supo que Marco Antonio había declarado que el joven Cesarión (Ptolomeo César) era el legítimo heredero de Julio César, Octaviano se sintió comprensiblemente amenazado. Él solo era un hijo adoptivo, mientras que Cesarión tenía la sangre del gran general corriendo por sus venas.

—Su Eminencia, —dijo el anciano, —lo que dijisteis en el Senado fue magistral. Condenar a Antonio por todos los títulos y derechos sobre el territorio que ha otorgado a sus parientes... El Senado entiende estas cosas. Temen y desprecian tanto egoísmo, arrogancia y nepotismo. Por ello, recordad: en todo lo que hagáis debéis conduciros con humildad y reverencia por las tradiciones de Roma. No podéis permitir que vean que estáis buscando ganar poder personal. Debéis rechazar el poder. Cuando os obliguen a tomarlo, debéis aceptarlo sin ganas.

Octaviano había estado mirando por la ventana al mar Tirreno iluminado por la Luna. Había escuchado a la sabiduría de su anciano consejero prestando la mitad de su atención. La otra mitad estaba en

los confines del Mediterráneo, pensando en cómo podría destruir a Marco Antonio y a aquella lasciva y malvada reina, Cleopatra.

— ¿Cómo los mato, Claudio?

Se alejó de la ventana y miró a su asesor a los ojos. Octaviano tenía 29 años; su asesor, 69.

—No lo hagáis —dijo el anciano. —No podéis permitir que os relacionen con su asesinato. Debéis ser visto en todo momento como alguien magnánimo; fuerte, pero compasivo. Unos pocos os odiarán por mostrar indulgencia. No podéis complacer a todos. No obstante, la mayoría de Roma, sobre todo los patricios y los senadores, apreciarán la fuerza que se precisa para mostrar misericordia.

—Si no puedo matarlos, ¿entonces, cómo me libro de ellos? La proclamación de Marco Antonio amenaza mi mera existencia. Si Cesarión gana un amplio número de seguidores en Roma, más me vale estar muerto.

El anciano se tomó un poco de tiempo para escoger con cuidado sus palabras.

—Podéis atravesar con vuestra espada a Antonio, pero el mundo debe creer que el hombre cayó sobre su espada a causa de la vergüenza que sentía por sus fracasos. Su reina puede ser asesinada, pero el mundo debe creer que eligió suicidarse antes que sufrir el cautiverio.

—Entiendo —dijo Octaviano. —Existe una versión de la realidad, la privada y verdadera; y existe la otra versión, la que pasará a la historia.

Claudio asintió.

—Debéis planear vuestros movimientos con cautela. Atizad la indignación del pueblo contra Antonio, tal y como habéis estado haciendo. Hacedle extremadamente impopular. Después de ello, trabajad en crear un conflicto militar que podáis ganar con toda seguridad. Roma ama a los ganadores, sobre todo cuando se trata de uno de los suyos.

Durante los años siguientes, Octaviano alimentó la indignación y arrastró con cuidado a Marco Antonio a una batalla que no podía ganar.

Y el joven futuro emperador siguió el consejo de su asesor. Arrinconó a Marco Antonio y lo mató sin contemplaciones, pero solamente cuando estaba rodeado de sus soldados de mayor confianza.

—Dadme su espada —dijo Octaviano. — ¿Veis?

Tomó la espada del muerto y la clavó en la misma herida que lo había mandado de camino al Elíseo.

—Se ha suicidado cayendo sobre su propia espada en lugar de enfrentarse a la justicia. Así era de cobarde este hombre que se enfrentó a Roma.

Todos los oficiales miraron y asintieron para mostrar su conformidad. Sabían que la política tenía que estar involucrada en esto al mismo nivel que los asuntos de la guerra.

Más tarde, cuando las tropas de Octaviano rodearon la capital egipcia, se llevó a sus oficiales de mayor confianza a un lado y les habló discretamente.

—Hombres, del mismo modo que Marco Antonio cayó sobre su espada, su reina debe ser quien elija el áspid que le causará la muerte.

—Pero señor, —dijo uno de sus generales —la muerte por picadura de cobra tarda horas en producirse, y lo hace entre dolores insoportables. Ella debe saberlo. Dudo que...

—Pero mucha gente no se enterará de eso —le contestó Octaviano. —Tenemos que contar un relato extravagante sobre su final. De lo contrario, la gente albergará las peores sospechas contra mí. No; les contaremos una historia sobre cómo decidió meter su cabeza en una cesta llena de serpientes venenosas. El pensamiento de la gente sentirá tal repulsa y conmoción que no podrán quitarse la imagen de la cabeza.

—Sí, Su Eminencia —le contestó el general.

—La era de los faraones ha llegado a su fin —dijo Octaviano. —La era del gobierno romano y de la sabiduría de los senadores ha llegado.

No se atrevió a hablar de sí mismo como emperador. Se acordó perfectamente bien lo que había pasado a su tío y a su padre adoptivo, Julio César, unos catorce años atrás. Debía esperar con paciencia a que le obligaran a tomar el poder. Y él lo aceptaría sin desearlo.

Muy pronto, Octaviano se dio a conocer como César Augusto. Aunque nunca se proclamó a sí mismo emperador, actuó como tal de todas las maneras posibles durante todo el tiempo que duró su vida: como el emperador de Roma y como el nuevo gobernante de Egipto, una de las provincias de este imperio.

Conclusión

El Egipto moderno no se parece en nada al que era antaño. Se ha convertido en un peón dentro de un juego más grande que él mismo. Pero si la historia nos enseña algo es que debemos ser conscientes de los patrones de la propia historia si no deseamos repetir errores pasados.

Esperamos que, leyendo este libro, usted haya obtenido una fascinante perspectiva de los Dioses, monstruos y héroes del pasado de Egipto. Egipto ha tenido una historia única. Desde los tiempos inmemoriales de la prehistoria predinástica y a lo largo de toda la antigüedad, Egipto ha visto pasar probablemente más historia y cultura que cualquier otra región de la Tierra.

¡Si usted ha disfrutado de este libro, no se olvide de dejar su reseña y su comentario! Me reservaré el tiempo que sea necesario para leerlo. Muchísimas gracias.

Vea más libros escritos por Matt Clayton

www.ingramcontent.com/pod-product-compliance
Lightning Source LLC
Chambersburg PA
CBHW052043280426
43661CB00085B/102